저 자 소 개

내가 저자가 되는

꿈너머꿈 노트

이 책의 저자는 당신입니다

내가 저자가 되는

꿈너머꿈 노트

지음

고도원 엮음 | 이성표 그림

나무생각

꿈은
말하고
적어 놓아라
그러면
이루어진다

지금부터
당신의 꿈을
적기 시작하라!

막연한 꿈도 좋고, 황당한 꿈도 좋다 일기를 쓰듯이, 메모하듯이 매일 꿈을 적어라

나는 《꿈너머꿈》이란 책을 내면서부터 "꿈이 있으면 행복해지고 '꿈너머꿈'이 있으면 위대해진다."는 말을 해오고 있다. 한 가지 꿈을 이룸으로써 그 꿈을 완성시키는 것이 아니라, 자신의 꿈을 이타적인 방향으로 발전시켜 나간다면 더 의미 있는 인생을 만들 수 있다는 생각에서였다.

그후 여러 장소에서 참으로 많은 사람들을 만났다. 나이의 많고 적음을 떠나 사람들은 내게 꿈너머꿈에 대한 확신과 희망에 대해 이야기했다. 그들을 통해 나 또한 나의 꿈너머꿈을 이루어 나가고 있음을 감사하게 생각한다. 그런데 한편으로 그보다 더 많은 사람들이 내게 물었다.

"제 꿈이 무엇인지 모르겠습니다."

"꿈도 찾지 못했는데 어떻게 꿈너머꿈을 꾸겠습니까?"

"꿈을 꾸기에는 이미 늦은 나이지요?"

막연하게 꿈을 찾고 있지만, 자신의 꿈을 구체화시켜 나가지 못

하는 이들의 안타까움이었다. 생각해 보면 아직도 꿈을 찾고 있는 이들이 더 많을 것이다. 그들을 만나 고민을 나누고 이야기를 하면서 나는 꿈너머꿈의 진화를 경험했다.

그동안 나의 꿈너머꿈은 많은 사람들에게 꿈너머꿈을 전하는 것이었다. 그래서 꿈을 이룬 한 개인을 넘어서, 그들을 통해 더 많은 사람들이 행복해질 수 있는 세상을 만드는 것이었다. 우리의 꿈이 어떤 이의 꿈을 키우는 씨앗이 되고, 거름이 될 수 있는 세상을 만드는 것이었다. 그런데 아직도 꿈을 찾지 못한 채 서성대는 사람들이 더 많음을 깨닫자 이들에게 꿈을 되찾고 구체화시켜 나가는 과정을 전할 수 있다면, 우리들의 꿈너머꿈을 이루어 나가는 시간이 한결 짧아지지 않을까 하는 생각이 들었다.

꿈이라는 것이 어떤 단계가 있는 것은 아니다. 길게 생각했던 미래의 꿈을 1, 2년 만에 이룰 수도 있고, 내일 이룰 것이라 생각했던 꿈이 훨씬 뒤로 미루어질 수 있다. 하지만 당장 시작해야 하고, 한순간도

놓치지 말아야 하는 것이 꿈이다. 그렇다면 방법은 간단하다. 끊임없이 꿈을 말하고, 적고, 그 꿈이 진화해 가는 것을 또다시 적는 것이다!

그렇게 해서 기획된 것이 바로 《꿈너머꿈 노트》이다.

자신의 꿈을 찾고, 최선을 다해 노력하는 사람의 꿈은 반드시 이루어진다. 하지만 가슴에 품고만 있어서는 안 된다. 다시 말하지만, 꿈도 말하고 적어 놓아야 이루어진다. 매우 상세하게, 그리고 선명하게 적어라. 처음에는 막연하고 황당하게 들리더라도 말이다.

누군가의 좋은 이야기를 듣다가, 텔레비전을 보다가, 책을 읽다가, 친구와의 대화 중에 떠오른 꿈이라도 무조건 적어라. 한 가지도 좋고, 10가지도 좋고, 100가지도 좋다. 막연한 꿈도 좋고, 황당한 꿈도 상관없다. 일기를 쓰듯이, 메모하듯이 매일 꿈을 적어라.

옛날 꿈도 좋다. 부러웠던 친구의 꿈도 좋다. 지금 당장 적기를 시작해야 한다.

그 꿈이 당신을 변화시키고, 새로운 삶을 시작하게 하며, 위대하게 만들 것이다.

그리고 당신은 《꿈너머꿈 노트》의 진정한 저자가 되어, 당신이 꿈너머꿈을 이루어 가고 있음을 확인하게 될 것이다.

엮은이 고도원

지금 당장
꿈의 창고를
뒤져 보라

그 안에서
잊고 있던
꿈들을 다시 꺼내
먼지를 털어라

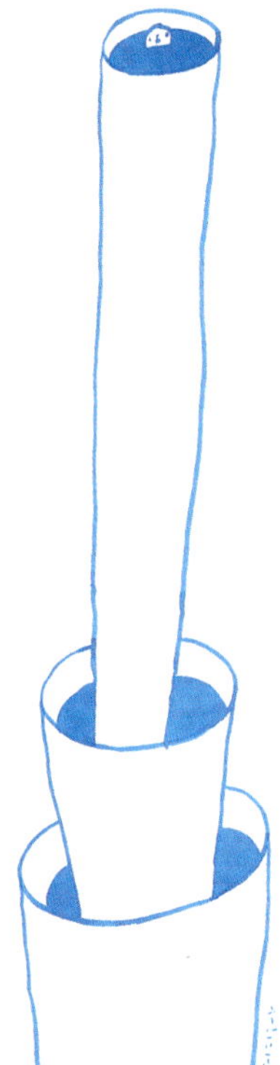

희망은 처음부터 있었던 것이 아닙니다.

아무것도 없는 곳에서도 생겨나는 것이 희망입니다.

희망은 희망을 갖는 사람에게만 존재합니다.
희망이 있다고 믿는 사람에게는 희망이 있고,
희망 같은 것은 없다고 생각하는 사람에게는
실제로도 희망은 없습니다.

무엇이 위대한 꿈, 위대한 비전일까요?

그것이 이루어지면 나도 좋고
다른 사람에게 더 좋은 것이 좋은 꿈입니다.
한 걸음 더 나아가 나에게는 고통이지만
다른 사람에게는 큰 희망이 되는 것.
또 한 걸음 더 나아가 나를 비우고 버릴수록
다른 사람에게는 더욱 많이 채워지는 것.
그것이 위대한 꿈이며 위대한 비전일 것입니다.

인생 여행에
정해진 출발점은 없습니다.
출발 시간도 따로 있지 않습니다.
지금 서 있는 현재의 자리가 출발점이고,
지금 바로 이 순간이 출발 시간입니다.
출발 시간이 늦으면 그만큼
도착 시간도 늦습니다.

그리고
말하라

자기 자신에게
먼저 말하고,
다른 사람에게도
말하라

어떻게 모든 일이 다 잘 되어 가기만 하겠습니까.
더러 어려움도 있고 고통도 있겠지요.
하지만 '다 잘 되고 있다' 고 말하면, 그 말이 씨가 되어
정말로 모든 일이 다 잘 되어 갈 것입니다.

말은 곧 믿음이고 씨앗입니다.

인생은 방향입니다.
자기가 선택한 방향으로 흘러갑니다.

부정적인 쪽을 택하면 부정적인 방향으로,
긍정적인 쪽을 택하면 긍정적인 방향으로 이어집니다.
오늘도 내일도 그날이 그날이라고 여기면 늘 그날이 그날이고,
순간순간, 날마다, 달마다, 해마다 늘 새롭게 여기면
매일 매 순간이 감사와 축제의 연속입니다.

나는 누구인가.

나는 과연 어떤 일을 하고 있는가.

이따금 직면하는 자기 점검의 물음입니다.

어제와 오늘의 나를 스스로 어떻게 생각하고 바라보느냐가

내일의 나를 결정하고 미래를 지배합니다.

가치 있는 인생은, 무엇을 갖고 있느냐가 아니라
어떤 가치 있는 일을 하느냐에 달려 있습니다.

꿈도 말하고 적어 놓아야 이루어진다

매우 상세하게,
그리고
선명하게 적어라

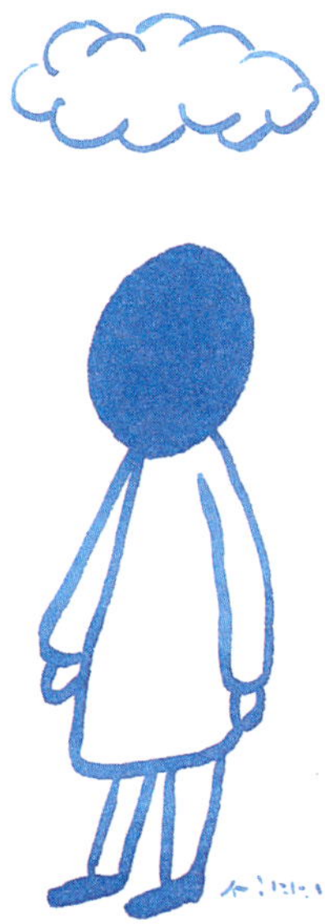

문제는 시작입니다.

시작이 있어야 끝도 있습니다.
아무리 좋은 악보도 홀로 있으면 무엇합니까?
피아노에 앉아서 건반을 두드리기 시작해야
비로소 빛이 납니다.

밑그림이 좋아야 진짜 그림도 좋아집니다.
자기 머릿속에 '훌륭한 사람'으로 그려 놓은 것과
그냥저냥 대충 그려 놓은 것과는 훗날의 차이가 큽니다.
자기 이미지를 늘 멋있게, 아름답게, 당당하게 그리세요.

오늘의 모습보다 내일 더 좋은 모습을 그리며
새 날을 맞으면 하루가 늘 새롭습니다.

움직이지 않으면 이르지 못합니다.
씨를 뿌리지 않으면 거두지 못합니다.
선택하고 행동해야 목표에 도달할 수 있습니다.
더 누워 있느냐, 일어나 걸어가느냐, 힘차게 뛰어가느냐.
이 모든 것은 자기 선택에 달려 있습니다.
기다리지 말고 뛰어나가십시오.

옛날
꿈도 좋다
부러웠던
친구의
꿈도 좋다

당신이
마음에 품었던
모든 꿈을 적어라

모든 경험은 소중합니다.
좋은 경험, 안 좋은 경험, 아픈 경험, 슬픈 경험…….
모두가 통찰력과 분별력을 키워 주는 고마운 스승입니다.
지나간 상처, 앞에 올 상처를 두려워 마십시오.
그 아픈 경험이 자기 통찰력의 지평을
몇 계단 위로 올려 줄 것입니다.

꿈은 꾸기도 하지만 갖기도 합니다.

꿈을 꾸는 것은 수동적 결과물이지만,

꿈을 갖는 것은 인생의 능동적 시발점입니다.

꿈은 클수록 좋습니다. 그러나 반드시 좋은 꿈이어야 합니다.

큰 꿈, 좋은 꿈을 가지고 그 꿈을 이루기 위해 최선을 다한다면

그 결과와 상관없이 당신은 이미

그 꿈의 절반 이상을 이룬 셈입니다.

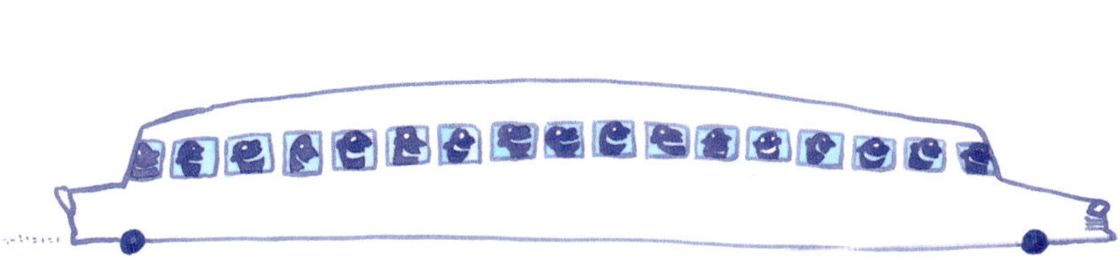

꿈도 전염이 됩니다.

좋은 꿈을 가진 사람과 어울리면 좋은 꿈의 소유자가 되고,
다른 사람의 꿈이 이루어져 가는 것을 내 일처럼 도와주면
자신의 꿈도 어느덧 현실로 바뀝니다.
나도 잘 되고, 우리도 잘 됩니다.

그 꿈을 이룬 사람처럼 행동하라

백만장자를 꿈꿨으면 백만장자가 된 듯이 행동하라

똑같은 바람도
어느 방향에서 맞느냐에 따라
앞바람도 되고 뒷바람이 되기도 합니다.
자기 자신을 바라보는 시선도 마찬가지입니다.
'자기 비하' 쪽을 바라보면 악마의 속삭임이 끊임없고,
'자기 존중' 쪽을 바라보면 늘 꿈과 희망이
천사의 노래처럼 들려옵니다.

누구에게나 자기만의 금고(金庫)가 있습니다.

그 안에는 무한한 잠재력이라는 금은보화가 가득합니다.
하지만 그 많은 금은보화도 사용할 줄 모르면 소용없습니다.
그저 품고만 있고, 제때 제대로 써보지도 못한 채 죽으면 안타까운 일입니다.
더욱 안타까운 것은
자신이 이미 백만장자라는 사실을 모른 채 사는 것입니다.
"당신은 백만장자입니다!"

인생이 늘 이분법적인 것은 아니지만
많은 경우, 두 갈래 방향으로 쉽게 나뉩니다.
처음은 아주 미세한 차이지만 한 걸음 한 걸음 가다 보면
나중엔 돌이킬 수 없는 엄청난 차이를 보입니다.
하루하루 '날마다 더 나아지고 있는' 방향.
지금 그 방향으로 걷고 계시겠지요?

그래서
작은 것부터
시작하라

1억을 기부하고 싶은 사람은 1천 원이라도 기부하라

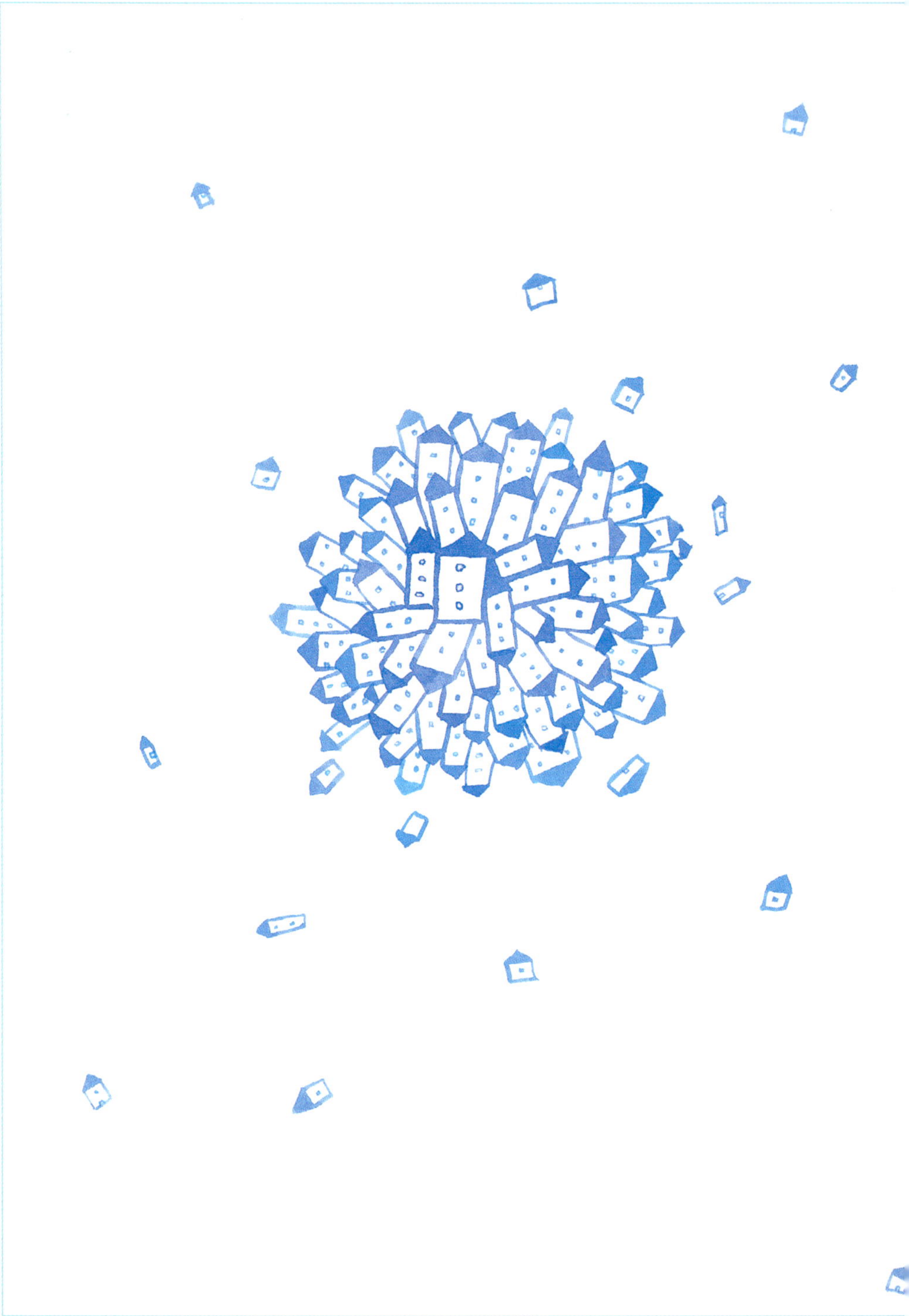

야구 좋아하세요?

홈런을 매우 좋아하십니까?

너무 홈런만을 좋아하지 마십시오.

1루타, 2루타 치다 보면 언젠가 홈런도 치게 됩니다.

꿈은 크고 원대하되 그 시작은 작아도 됩니다.

오늘 바로 시작한 1센티미터의 작은 변화가

훗날 인생의 홈런으로 이어집니다.

기적은 아주
작은 것에서부터 시작됩니다.

마치 '나비효과' 처럼 말입니다.
눈에 보이는 것보다 보이지 않는 것이 더 중요합니다.
화려하고 거창한 큰 일보다 사소하게 여기는 작은 일들이
우리 인생에 변화와 기적을 가져다줄 것입니다.

성공은 먼 미래의 것이 아닙니다.
이미 당신 앞에 다가와 있습니다.
내 앞에 주어진 가장 작은 일에 혼을 담는 것,
너무 사소해 보여서 아무도 거들떠보지 않는 일에
최선을 다하는 것, 거기에 성공이 있습니다.

**디테일을 놓치면 성공도 놓치고
꿈도 놓칩니다.**

그 꿈을
다시 봐라

다시 봐서
더 성장한 꿈으로
진화시켜라

당신 안에도 진주가 숨어 있습니다.

수많은 사람들과 섞여 살지만
오로지 당신만이 갖고 있는 재능입니다.
그 누구와도 견줄 수 없는 재능과 장점!
그걸 잘 찾아내어 꼭 필요한 자리에 앉으면,
그것이 곧 성공이요 희망입니다.

사람은 대체로 멈추는 것을 두려워합니다.
끊기는 것 같고, 뒤처지는 것 같고, 늦어지는 것 같습니다.
사실은 정반대인데도 그렇게 생각하고 살아갑니다.
자동차도 기름이 완전히 떨어지거나
고장이 나면 강제로 멈춰 섭니다.
사람도 큰 병이 나면 영원히 멈춰 섭니다.
힘이 남아 있을 때 멈춰야,
더 큰 힘으로 다시 일어설 수 있습니다.

꿈을
바꿔도 좋다
고쳐도 좋다

내려놓고
다시 잡아도 좋다
다시 적어라

처음부터 다시 시작하고 싶은 때가 있습니다.
그럴 때는 정말로 다시 시작하는 것이 좋습니다.
처음부터 다시 시작하는 것은 되돌아가는 것이 아닙니다.
늦어지는 것 같지만 사실은 바르게 가는 것이고,
바르게 가는 것이 곧 지름길입니다.

결정의 핵심은 '방향' 입니다.
방향은 곧 '목표' 이고, '삶의 목적' 이기도 합니다.
방향이 잘못되면 속도도 소용이 없습니다.
애써 멀리 간 만큼 다시 돌아와야 하고
허비된 시간도 되찾지 못합니다.
나의 방향이 과연 올바른지
오늘 다시 결정해야 합니다.

인생의 숲길에도
오르막과 내리막이 있습니다.

계속 오르는 것만이 능사가 아니고,
내리막이라고 해서 막장으로 가는 것도 아닙니다.
오르막길에서는 조급함을 버리고 겸손하게,
내리막길에서는 더 큰 기대와 믿음을 가지고
희망차게 걷는 것이 인생 건강에 좋습니다.
오르막과 내리막은 늘 있습니다.

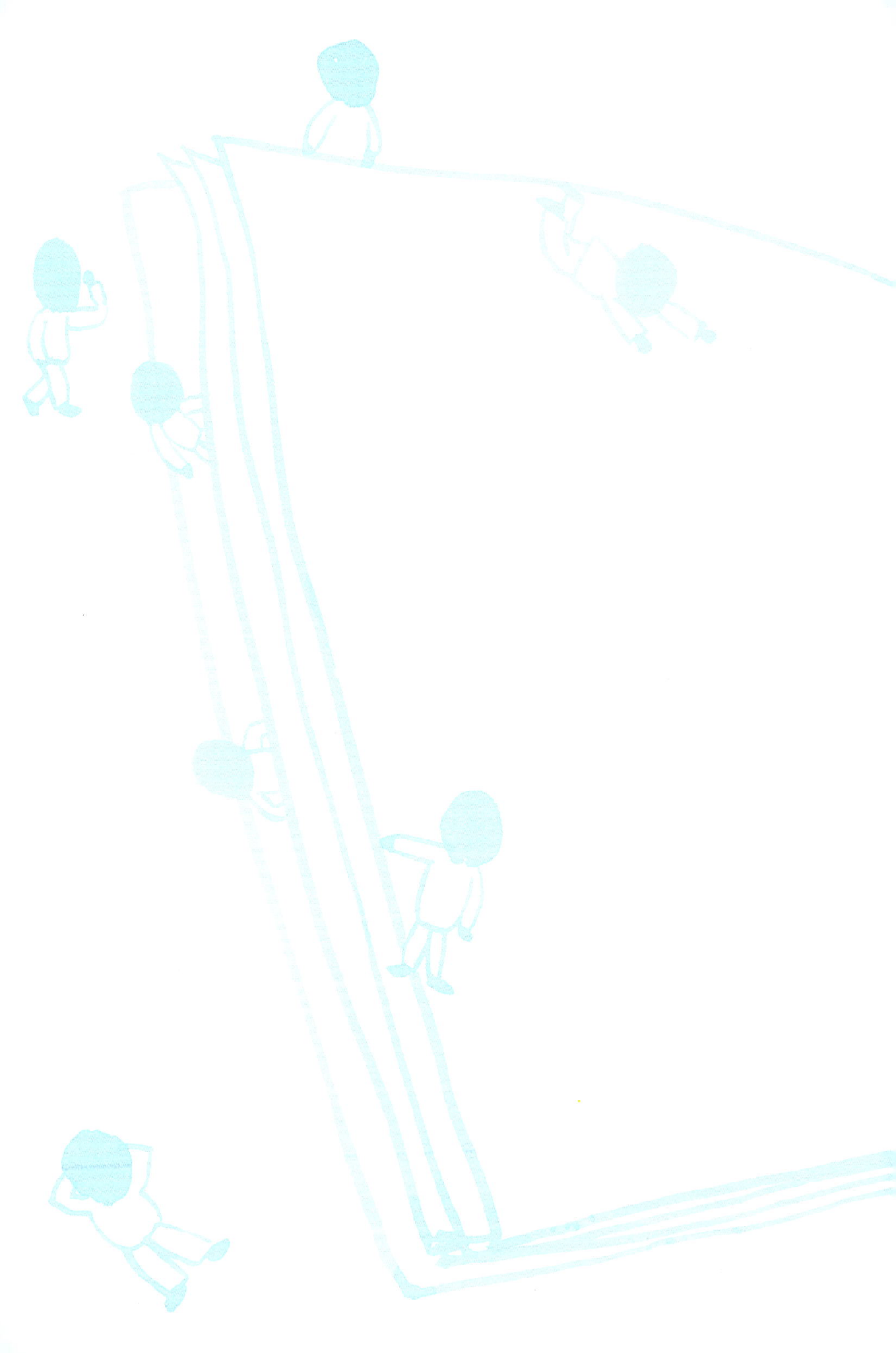

같은 꿈도 또 적어라

열 번,
백 번 적으면
그것이
현실이 된다

무슨 일이든
뿌리를 내릴 때까지가 어렵습니다.
뿌리를 내리면 그 다음부터는 순탄해집니다.
키도 자라고 잎새도 무성해져 큰 그늘도 생깁니다.

큰 실패를 경험할 수도 있습니다.
건강을 잃을 수도, 재산을 날릴 수도 있습니다.
그러나 그 어떤 경우에도 꿈을 잃으면 안 됩니다.
꿈을 잃는 것은 마지막 씨앗마저 잃는 것이요,
씨앗을 잃으면 모든 것을 잃기 때문입니다.
단 하나가 뿌려져도 열이 되고,
열이 모여 백이 되고 천이 되는 것이 씨앗입니다.
작은 씨앗 하나가 큰 숲을 이룹니다.

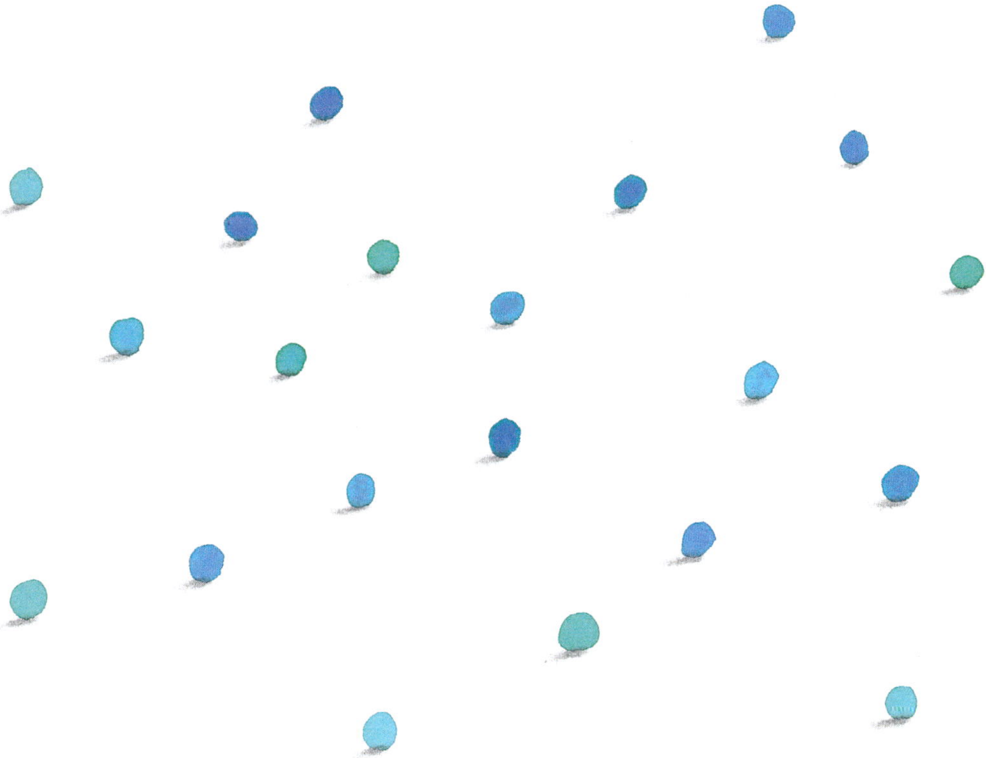

주저하고 망설이다가 놓치는 일이 많습니다.

한 번 놓친 기회는 다시는 오지 않을 수 있습니다.
한 번 시도해서 안 되면 두 번,
두 번 해서 안 되면 세 번,
네 번, 열 번, 백 번을
반복해서라도 도전해야 합니다.
뜻이 있으면 길이 열립니다.

포기하지 말라
끝까지 가라

그리고 매일 기본기를 쌓아라

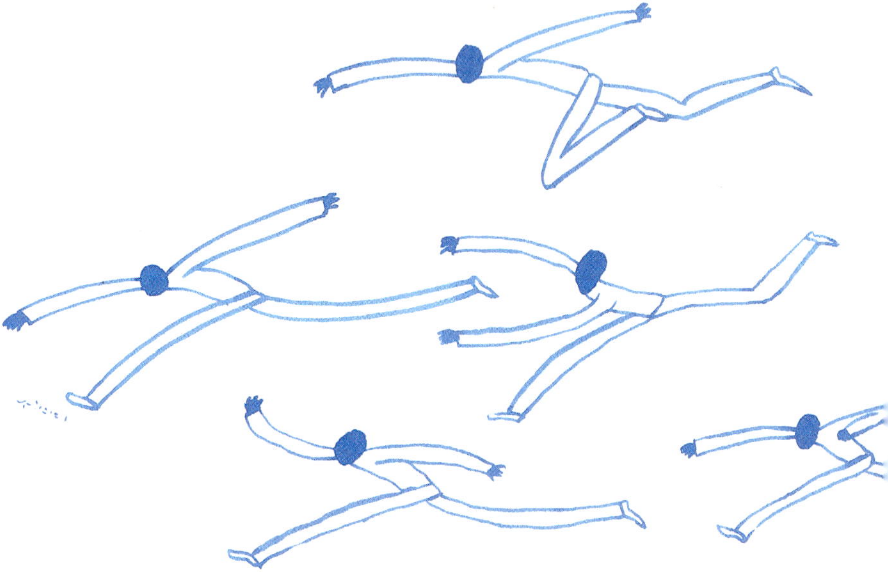

너무 쉽게 얻으려는 것이 늘 문제입니다.
쉽게 얻은 것을 행운이라 말하지만, 아닙니다.
오히려 그것이 불행과 실패의 씨앗이 될 수 있습니다.
어렵게 얻은 것을 고생이라 말하지만, 절대 아닙니다.
더 큰 행복과 기쁨을 오래 안겨 줄 수 있습니다.
사랑도, 사람도, 재물도 마찬가지입니다.
쉽게 얻은 것은 빨리 사라집니다.

굳이 1등이 아니어도 좋습니다.
조금 뒤처져 뒷줄에서 달리고 있어도 괜찮습니다.
포기하지 않고 끝까지 달리는 사람이 1등입니다.
지금은 꼴찌로 달려도 세상의 흐름이 바뀌면
꼴찌가 1등이 됩니다.
그것이 인생과 마라톤의 차이입니다.
다시 반복합니다.
끝까지 달리는 사람이 1등입니다.

산을 오르기로 마음먹었으면

조금 늦더라도 끝까지 가는 것이 중요합니다.

속도는 중요하지 않습니다. 끝까지 가는 사람이 승리합니다.

언덕길이 점점 가팔라 힘이 더 들어도 주저앉거나

포기하지 않으면 곧 꼭대기에 오르게 됩니다.

반드시 정상에 서게 됩니다.

한 걸음
더
나아가라

다른 사람들이
다 이루었다고 말해도
당신은 한 걸음 더
나아가라

'첫 번째 일' 도 힘든데
어떻게 '두 번째 일' 까지 가질 수 있느냐고 할지 모릅니다.
그러나 경우에 따라서는 두 번째 일로
인생이 바뀌는 사람들이 많습니다.
즐겁고 격조 있는 취미는
그 자체만으로도 삶을 풍요롭게 합니다.
사람을 더욱 빛나게 합니다.

꿈도 자라납니다.
살아 있는 생물처럼 성장하고 진화합니다.
꿈은 꿀수록 더욱 섬세해지고 분명해집니다.
그리고 어느날 현실이 되어 있음을 발견하게 됩니다.
젊음의 계절은 때가 차면 끝나는 시한이 있지만
꿈에는 끝도 한계도 없습니다.

죽은 나무는 자라지 않습니다.
뿌리가 썩은 나무도 자라지 않습니다.
살아 있는 나무, 생명력이 있는 것만 자라납니다.
성장이 멈췄다는 것은 생명력을 잃었음을 의미합니다.
조금씩이라도 성장한다는 것은 살아 있다는 뜻입니다.
잘 늙어 가고 있다는 증거입니다.
성장에는 나이가 없습니다.

한 사람의 꿈이
한 사람에게
머물면
환상에
그치지만

만 사람의
꿈이 되면
현실이 된다

내가 저자가 되는
꿈너머꿈 노트

초판 1쇄 발행 2009년 8월 24일
초판 9쇄 발행 2018년 12월 27일

엮은이 | 고도원
그린이 | 이성표
펴낸이 | 한순 이희섭
펴낸곳 | (주)도서출판 나무생각
편집 | 위정훈 조예은 **디자인** | 박민선
마케팅 | 이재석 한현정

출판등록 | 1999년 8월 19일 제1999-000112호
주소 | 서울특별시 마포구 월드컵로 70-4(서교동) 1F
전화 | (02) 334-3339, 3308, 3361 **팩스** | (02) 334-3318
이메일 | tree3339@hanmail.net
홈페이지 | www.namubook.co.kr

ISBN 978-89-5937-176-1 13040

값은 뒤표지에 있습니다.
잘못된 책은 바꿔 드립니다.